AF469970

ESSAI

SUR LA

BOULANGERIE DE MARSEILLE.

ESSAI

SUR

LA BOULANGERIE

DE MARSEILLE,

Par Joseph SALAT fils aîné.

Honni soit qui mal y pense.

MARSEILLE.

TYPOGRAPHIE DES HOIRS FEISSAT AÎNÉ ET DEMONCHY,
IMPRIMEURS DE LA VILLE ET DU COMMERCE,
rue Canebière, 19.

1843.

AVANT-PROPOS.

Dans les quelques lignes que j'ai fait imprimer, je me propose bien moins une œuvre de critique qu'une œuvre de sympathie pour un art qui mériterait toute la bienveillance de l'administration supérieure, si on était bien persuadé de quelle importance est la boulangerie dans la balance des intérêts de la cité. Par ses rapports journaliers, la boulangerie peut influer non-seulement sur la santé et le bien-être des citoyens, mais encore sur les intérêts les plus chers, je veux dire, le crédit dont quelques classes de la population ont si essentiellement besoin. Ces certaines classes ne doivent pas être recherchées dans les classes riches et opulentes ; ce sont les classes ouvrières qui consomment et produisent. En économie civile j'oserai presque avancer que les classes travaillantes méritent plus l'attention, la sollicitude des magistrats, que les autres classes, parce que celles-ci produisant pour consommer, sont bien loin de se suffire à elles-mêmes comme les premières. Mais faisant trève à une discussion qui est hors de mon sujet, je reviens à mon exposé.

Je dirai donc que je me propose, dans cet aperçu, d'indiquer à l'autorité compétente tous les abus qui se sont glissés dans la boulangerie ; j'indiquerai par réminiscence aux boulangers des théories dont ils se sont éloignés par condescendance pour les ouvriers ; je nommerai quelques causes de dissidence entre la boulangerie et l'autorité locale, causes produites par un mal-entendu ; je développerai les abus des ouvriers de plus en plus exigeants, et comme palliatif à cette critique sévère, les améliorations bienfaisantes dont est susceptible cette classe d'hommes, au point de vue humanitaire.

A Dieu ne plaise, pourtant, que cette œuvre puisse m'être imputée à mal par qui que ce soit ! N'est-il pas digne d'un homme de bien de nommer les abus qui existent et de les faire remarquer à ceux même qui, n'y attachant aucune importance, en sont les premières victimes ?

Et ne mérite-t-il aucune sympathie cet état dont les

anciens ont donné des fils distingués dans la prêtrise, dans le barreau et la législature , sans parler de ceux qui se sont distingués dans d'autres parties ! ! !

Je crois que c'est bien peu dire que d'assimiler les boulangers à des chefs-ouvriers, comme le disait dernièrement un personnage haut placé. Comment, ces chefs-ouvriers qui emploient leurs économies à donner à leurs fils une éducation distinguée , qui donnent à la France des avocats-généraux, des avoués, des médecins, des avocats, des prêtres respectables, ne voudrez-vous pas au moins les comparer à des négociants en petit ?

Cependant les boulangers ne sont pas autre chose. Ils achètent, ils vendent, ils suivent les variations des prix , ils font des paiements au comptant ou à échéance. Je discontinue cet avant-propos, de peur d'empiéter sur le fond de mon petit ouvrage ; je me permettrai en temps et lieu de coordonner toutes choses.

ESSAI

SUR LA

BOULANGERIE DE MARSEILLE.

CHAPITRE IER.

BEAUCOUP de personnes partagent peut-être
encore l'erreur dans laquelle s'est trouvé un
homme haut placé ; je ne dirai pas en croyant,
mais en *disant* que les boulangers n'étaient que
des chefs-ouvriers. Elles croient donc que le
boulanger n'a qu'à pétrir, qu'à panifier sa farine ;
qu'elles aient la bonté de nous suivre dans les
diverses opérations qu'exige la préparation du
pain, et elles seront convaincues que peu d'é-
tats sont aussi compliqués, aussi pénibles que
l'état du boulanger ; qu'il semble même mira-

culeux que, confiant à tant de mains différentes sa marchandise, il puisse encore se maintenir et vivre !

Commençant par la première opération commerciale, le boulanger doit acheter son blé ou sa farine. Nous n'assignerons certainement pas au boulanger une place trop élevée dans le commerce, mais nous le regarderons comme négociant en petit, vendeur et consommateur tout à la fois. Si le boulanger achète le blé et la farine, il revend le son en grand et il est encore vendeur par une foule d'autres petites opérations; il vend les saches vides, il vend le petit son, il vend la nourriture pour les porcs, sans parler du détail quotidien de son pain frais. Partons donc de ce principe, que le boulanger, suivant les phases du commerce, est un négociant en petit.

Je me propose dans cet Essai de suivre le cours naturel de la manipulation et des trans-

formations que le boulanger fait subir au blé,
et commençant de ce point de départ je dirai
un mot sur les blés en général.

Avant toutefois d'aborder cette question, je
ne puis m'abstenir de faire une réflexion sur ce
grain si utile, que je ne m'étonne pas de voir
les Grecs élever des autels à celui qui leur en
enseigna la culture!!!

Ce grain si petit dont la culture, la trituration, la manipulation, enfin le contact, nourrit
tant de personnes, sans compter ceux qui achètent le pain au boulanger. En effet, l'agricul-
teur, après lui le négociant, les portefaix de
cette spécialité, les ouvriers du meunier, le
meunier lui-même, les ouvriers du boulanger,
le boulanger et sa famille, sans compter la fi-
lière innombrable des autres états qui sont nourris par le contact de ce petit grain, dont la mul-
tiplicité seule peut faire concevoir tous les rapports. Je ne parlerai pas des courtiers sur le blé,

je ne parlerai pas des menuisiers qui travaillent pour la boulangerie, des marchands de meules pour les meuniers, des charrons, des forgerons, des marchands de soie pour les blutoirs, des marchands d'outils pour la spécialité, enfin d'une infinité d'autres accessoires indispensables à une profession généralement prisée au-dessous de sa véritable valeur; je reviens aux blés en général.

Les boulangers de Marseille sont, dans le courant de l'année, à même d'user de toutes sortes de blés. En effet, par notre grande porte d'entrée, je veux dire le Port, il nous arrive toutes sortes de blés; d'abord, parlant des blés indigènes, les blés du Languedoc et ceux de Bretagne, blés qui se subdivisent en une infinité d'autres; comme je ne veux pas faire ici un cours de céréales, je me bornerai à nommer ceux qui sont préférables pour la boulangerie. Viennent ensuite pour les exotiques en première ligne, les richelles du royaume de Naples, les durs de Taganrock, les Odessa tendre, les Marianopoli, etc. etc. Il est bien certain que tous ces blés ne conviennent pas également et pour la blancheur et pour la fabrication du pain. Mais aussi, une des raisons majeures pour l'emploi de ces blés en général, et en particulier, pour les beaux durs de Taganrok qui deviennent de plus en plus rétifs à la panification, c'est que les propriétaires des pays de provenance font moissonner leurs blés verts; ainsi leurs blés sont plus beaux à l'œil et retiennent mieux le grain dans l'épi. Si au moins on pouvait, comme le font quelques agriculteurs éclairés, laisser mûrir l'épi dans le gerbier, on aurait un palliatif au mal. On moissonne les blés verts, parce que différemment le grain séchant dans l'épi, peut plus facilement se perdre; j'admets ce calcul économique, mais alors, ayant coupé vos blés non mûrs,

laissez-les mûrir dans le gerbier aussi long-
temps que pourra le permettre le climat dans
lequel vous vous trouvez.

En première ligne, pour la blancheur du
pain, on place la touselle de Provence, ou,
pour mieux dire, le blé meunier, car la vraie
touselle s'en va tous les jours. L'avarice, ou
pour mitiger ce mot, l'économie s'ac-
commode mieux d'un blé qui retient davantage
son grain. Peu importe que ce blé soit meilleur et plus cher! En agronomie, la quantité
fait la qualité; je veux dire en agronomie
erronée. Il faut cependant espérer que cette
invention qui a dernièrement fait l'admira-
tion de l'Allemagne, relative à la préparation de la semence, s'étendant jusqu'ici, nous
pourrions voir reprendre notre belle touselle,
dont le grain allongé et délicat finirait par
n'être bientôt que dans le souvenir.

La belle richelle de Barletta, puis celle de

Manfredonia et du royaume de Naples en général, réunit la blancheur à la fabrication,
et malgré le défaut d'altération de ces blés qui
font peu de pain, en général, les boulangers la
préfèrent. Ne croyez pas cependant que l'intérêt du boulanger lui fasse toujours donner la
préférence à tel ou tel blé. Ho! non! Il se ren-
contre souvent que malgré lui, le boulanger
prend un blé moins altéré, mais le maître boulanger ne commande pas toujours dans son
atelier ; et les ouvriers ne sont-ils rien ? Je
parlerai plus bas de ce poids énorme qui se
trouve dans la balance des intérêts contraires,
et l'on verra que tout n'est pas rose dans cet
état. J'en appelle à la conscience de tous les
maîtres. — N'est-il pas vrai que souvent vous
n'avez pas pris d'un tel blé qui vous aurait fait
du très-beau et très-bon pain, parce qu'il
fallait trop le travailler ? Je les entends tous
répondre affirmativement. — A qui la faute ?
nous le verrons plus bas.

Ordinairement le mélange de plusieurs blés donne un pain excellent. La touselle ou blé meunier, pour la blancheur, la richelle pour la fabrication ou le blé du Languedoc, proprement dit, nommé Narbonne, qui peut à lui seul, comme la richelle, donner du très-beau pain ; comme subdivisions du blé du Languedoc, les siaïsses rouges et blanches, les Roussillon, les blés de Lunel, les saïssettes d'Arles pour le volume du pain, etc., etc., en dernier lieu, autant pour la blancheur que pour la fabrication, nous placerons les blés de Bretagne. Cette qualité de blé n'est bonne que lorsque la sécheresse a régné dans les pays de provenance. Parlerai-je ici encore de ces subdivisions infinies ? En première ligne les Machecoul, les Paimbœuf, les Pont-Rousseau, les Pornic, et en général, les bas de Loire ; puis les Sables, les Barbin, etc., etc.

Je reviendrai plus bas sur les farines qui nous

arrivent de ces pays. D'où vient , lorsque nous arrivent ces blés , que les boulangers s'y adonnent ? Il y a d'abord la différence du prix et ensuite la facilité de la fabrication ; j'entends ici par fabrication, que l'ouvrier travaille moins cette sorte de blé, pour que le pain s'ouvre facilement dans le four ; mais pour la blancheur durable , point. Je veux dire que le pain ternit en durcissant. Mais pour la boisson dans le pétrin , point. — Puisque ces blés, dans leur état ordinaire, ne boivent que du vingt au vingt-deux pour cent, excepté lorsqu'il y a eu sécheresse. Ces blés ayant, avec un germe intérieur d'humidité, à subir, à supporter une longue traversée, et les pores du blé étant ainsi plus ouverts, sont plutôt dans le cas de prendre le goût de marine, goût que le lavage et autres préparations ne leur font pas toujours entièrement perdre. Combien de ces blés qui nous arrivent dénaturés ! ! ! Je suis beaucoup étonné de ce que Messieurs les experts, préposés à la visite de ces blés, ne sont pas très-sévères pour leur réception comme blés boulangeables. Ils ont, sans doute, leurs raisons pour cela.

Puisque j'ai dit quelques mots sur les blés, je me permettrai aussi une observation sur la masse de la boulangerie, relativement à l'achat de ces blés. De tout temps on a vu ceux que le même intérêt rassemble, s'entendre sur ce point, et dans la boulangerie, une chose qui m'a toujours étonné, c'est ce défaut d'union. N'est-il pas vrai, qu'au moins pour acheter les blés, les boulangers pourraient s'entendre et obtenir, pour une partie de trois ou quatre mille charges à la fois, un prix plus avantageux que pour des parcelles de cinquante charges. N'auraient-ils pas au moins un es-compte de différence, et en dernier résultat, cette économie ne tournerait-elle pas à l'avan-tage de la population ? Parce que ce boulanger qui aurait économisé un escompte pourrait faire une qualité un peu plus belle, et ainsi de suite.

On a souvent parlé de coalition, mais ceci ne serait pas une coalition. Une coalition n'existe que pour obtenir une chose ou injuste, ou inusitée. Je ne puis pas nommer de ce nom, l'action d'une vingtaine ou trentaine de boulangers qui, simultanément donneraient un ordre de cinquante ou cent charges chacun à tel ou tel courtier, pour obtenir un avantage pécuniaire sur le prix. Mais cela arrive tous les jours dans le commerce. Les négociants détaillants, achètent une partie de mille, deux mille charges, un, deux francs meilleur marché qu'ils ne vendent aux boulangers. D'où vient cette différence? Ne faut-il pas qu'ils se mettent à couvert de l'intérêt de leur argent, du déficit de leurs blés en magasins; enfin le gros est toujours à un prix différent du détail.

Ainsi donc, les boulangers bien avisés ne pourraient faire rien de mieux que de s'entendre à ce sujet et les conséquences, je l'ai dit, en seraient presque toujours reversées sur la population.

CHAPITRE II.

Pour suivre la route que je me suis tracée, nous prendrons le blé à quai, ou enfin lorsque le boulanger l'a reçu et que le meunier s'en emparant, le transporte au moulin. Il y a quelques cinquantaines d'années, les boulangers se réunirent et adressèrent leurs plaintes au chef de la commune; ils demandèrent de mettre un obstacle aux rapines de leurs meuniers et on ne trouva rien de mieux que de leur assigner un entrepôt où leurs blés étaient pesés avant d'aller au moulin, et les farines pesées en retournant en ville ; on appela cet établissement le Poids de la farine : le local était suffisant parce que la population de Marseille était bien loin d'être ce qu'elle est aujourd'hui. D'un autre côté les lois et réglements sur l'approvisionnement et sur la boulangerie n'existant pas, les boulangers allaient du jour à la journée. Mais depuis les choses ont changé de face ; la population augmentant, le nombre des boulangers a dû augmenter. Il y a cinquante ans seulement, il n'y avait pas soixante boulangers dans la ville de Marseille. Il est vrai que la banlieue fournissait beaucoup, ainsi que la bonne ville d'Aix dont nous avons été et sommes toujours tributaires. Le nombre des boulangers s'est donc considérablement accru ; et le poids de la farine ne put plus suffire aux montagnes de blé qu'on y encombrait ; le hangar ne fut plus assez grand et les boulangers voyaient avec impatience leurs blés exposés à la pluie et au soleil.

Un de ceux-ci, moins endurant que les autres, s'abstint de faire peser son blé; une collision d'idées eut lieu et insensiblement l'autorité compétente voyant les boulangers déserter le poids de la farine, fit rayer des impenses les vingt-cinq centimes additionnels relatifs au dédommagement et au prix que les boulangers payaient eux-mêmes. Alors force fut à tous les boulangers de chercher d'autres entrepôts, et de s'entendre même avec leurs meuniers pour suppléer autant que possible au manque d'entrepôt. Les meuniers alors firent faire de vastes magasins où les boulangers reposent la majeure partie de leurs blés : des particuliers firent ce que l'autorité supérieure aurait dû faire et pu faire d'une manière bien plus grandiose. Nous savons parfaitement que les boulangers ayant été cause eux-mêmes de la création du poids de la farine pouvaient aussi eux-mêmes résilier cet engagement, surtout du moment qu'on eut rayé les vingt-cinq centimes additionnels. Mais l'autorité locale n'aurait-elle pas pu tout concilier? Il est vrai que primitivement ce boulanger qui fut moins endurant **aurait** pu, avec un peu plus de patience, agir légalement; demander par écrit à Monsieur le Maire que ce magistrat déléguât quelqu'un pour s'assurer de l'insuffisance du local du poids de la farine. On aurait alors pu faire construire un vaste hangar où chacun aurait vu son blé à l'abri des injures du temps, et tout serait mieux allé. On aurait eu, je ne dis pas une nouvelle halle au blé, mais un véritable entrepôt où **M.** le Maire aurait eu sous les yeux l'approvisionnement de la boulangerie. C'est donc ce mal entendu qui a privé la ville d'un bel établissement et d'un bon revenu, puisque à raison de vingt-cinq centimes par charge, six cents charges, si l'arithmétique est une science certaine, font une somme ronde de cent cinquante francs par jour, quatre mille cinq cents par mois, et douze fois autant par an.

Je crois qu'avec une rente semblable on peut avoir un local plus beau et plus vaste que le local actuel. On pourrait faire servir le même ; mais avec une réparation générale et un hangar ad hoc, au lieu de le convertir en marché comme on en a l'idée.

Je pense que si on prenait l'avis de l'association des boulangers, à l'unanimité on retournerait au poids de la farine, mais avec des hangars. Quel intérêt le boulanger raisonnable pourrait-il opposer à cette mesure ; il vous faut, il est vrai, donner vingt-cinq centimes par charge à la ville ; mais en outre qu'on vous tient compte de ce déboursé dans les impenses, votre blé sera très-bien reposé ; sous un hangar fait ad hoc, l'air circulera parfaitement. Au besoin, on y établira des ventilateurs ; qu'elle raison plausible pourrez-vous opposer à cela ? Plusieurs boulangers que j'ai consultés ont tous été d'avis qu'avec ces avantages nul boulanger ne serait récalcitrant ; je dirai plus, tous souhaitent cette amélioration. Il y a cent trente-sept boulangers, il faut cent trente-sept places, toutes également propres, toutes également abritées et aérées. Je me plais à croire que si **M.** le Maire ou l'un de Messieurs les Conseillers municipaux lit attentivement cet article, il provoquera, au sein du Conseil municipal, une discussion qui pourra, je n'en doute pas, donner un résultat satisfaisant. Vous tenez des peseurs publics qu'il faut payer ; la ville, qui est toute-puissante dans ce cas, pourrait leur donner des appointements fixes et avoir encore un revenu annuel au moins de quarante mille francs.

Je me borne à indiquer la chose sans dire à de plus éclairés que moi ce qu'il y a ou non de convenable, je crois en avoir dit assez sur ce local pour éveiller la sollicitude de l'Administration supérieure et obtenir un résultat satisfaisant également toutes les parties contractantes, et, je dis ceci en finissant : il me semblerait fort à propos de nommer , comme peseurs du poids de la farine, des anciens maîtres boulangers , auxquels les circonstances n'ont pas permis de continuer l'état ; ce nouveau mode ainsi compris ne pourrait qu'être très-agréable aux maîtres boulangers qui exercent actuellement ; puisque, sans aucun sacrifice ni dérangement, ils pourraient être d'une très-grande utilité et d'un grand secours à des anciens collaborateurs.

CHAPITRE III.

Le blé est transporté au moulin, mais avant
de le mettre sous la meule on lui fait subir diverses
préparations ; les uns le lavent, les autres le font
passer dans une machine avec cylindres en tôle,
ventilateurs et autres complications. En ne con-
sultant que l'intérêt du boulanger, nous serions
portés à pencher plutôt du côté des machines.
En admettant le blé séché à point, il est toujours
chaud quand on le met dans les sacs, et si quelque sac vient à être oublié, ce blé peut se dénatu-

rer dans quelques jours. Le blé étant pénétré par l'eau, sèche difficilement, ou si dans l'été il sèche bien, il sèche quelquefois trop. D'où vient cela? c'est que pour le laveur il y a un instant à choisir, cet instant passé, le blé est trop sec, et le meunier peut brûler la farine; la farine brûlée produit à la vérité plus de pain, mais beaucoup moins de blancheur, et maintefois la panification d'un boulanger perd énormément par suite de la faute du meunier. Quant aux séchoirs des meuniers pour le blé lavé, il conviendrait beaucoup mieux d'avoir de vastes hangars avec des ventilateurs mûs par un mécanisme quelconque, au moyen desquels le blé sécherait aussi facilement qu'au soleil. Mais, dira-t-on, ce serait plus pénible pour les laveurs; alors vous payerez davantage vos ouvriers, et vous ne serez plus exposé à rendre aux boulangers une farine dénaturée.

Plusieurs fois dans l'été je me suis transporté sur les aires où on met le blé à sécher. Les briques où plus tard on reposait le blé étaient chaudes comme dans un four et après avoir enlevé le blé elles étaient aussi chaudes qu'auparavant. Les meuniers pourraient donc avoir deux séchoirs, l'un pour l'été avec des ventilateurs, l'autre pour l'hiver; celui d'été, pavé s'il le fallait avec de l'ardoise qui sèche très-facilement. et celui d'hiver avec des briques ordinaires comme plus économique. Au reste, il est étonnant que l'on n'ait pu jusques à ce jour acquérir la perfection des minotiers du Languedoc qui ne lavent pas leurs blés, et dont les farines font de très-beau pain. On a toujours prétexté le manque d'eau dans le territoire; avec de l'eau, dit-on, on peut économiquement avoir des machines puissantes, et faire subir au blé des préparations égales à celles du Languedoc. Il faut espérer qu'avec le canal de Marseille et les chutes élevées que l'on obtiendra. on n'aura pas toujours les mêmes prétextes.

Pour faire l'historique des moulins anciens et modernes, il nous faut parler des moulins à eau et à vapeur. Anciennement la meunerie était arriérée comme tous les autres arts ; elle a depuis lors et depuis peu de temps surtout reçu de très-grands perfectionnements. Nos anciens meuniers avaient adopté de très-larges pierres qui existent encore dans certaines localités ; ces pierres, mues par l'eau, faisaient trois ou quatre sacs voire même cinq sacs à l'heure ; et quelques meuniers, sacrifiant aux anciens préjugés, je parle ici des arriérés, tirent vanité du grand nombre de sacs que peut moudre une seule pierre dans un temps donné. Mais la vapeur plus facile à diriger que l'eau, nous a apporté de notables améliorations. On a calculé les forces motrices pour des jeux de pierres infiniment plus petites, mais qui font aussi moins de travail ; ces pierres font ordinairement deux sacs à l'heure. Quelques meuniers ont adopté des roues hydrauliques et changé tous leurs jeux de meules ; ils font ainsi par le moteur de l'eau le même travail que par la vapeur. D'autres ont simultanément l'eau et la vapeur qui leur obéissent, et cette émulation est toute à l'avantage de la boulangerie ; d'autres enfin ont substitué à ces anciennes pierres, de moindres qui ne font que trois sacs à trois sacs et demi à l'heure ; je préfère encore cette demi-amélioration aux anciens usages ; mais en aucun cas on ne pourra donner d'aussi bonnes farines par une meule qui vous moudra trois ou quatre et même cinq sacs à l'heure que par une de deux sacs. Reste toujours à résoudre ce vieux proverbe beaucoup et bien. Les petites meules ont l'avantage de faire le son plus large, parce que le grain étant moins long-temps trituré, sort de la meule plus vite que de dessous une large meule. Quant à moi, je suis partisan des meules petites nommées système anglais, et à l'exemple de ceux qui ont des roues hydrauliques, tous les meuniers pourraient changer leur ancien système plus économiquement que s'il leur fallait construire une infinité de puits plus petits et adaptés aux petites meules. Il y a cependant des partisans des grosses meules qui me répondront que souvent, par l'ancien système des larges meules, on fait de très-bonnes farines. Généralement non; il y a pour les meuniers, comme pour tous les états, des exceptions. J'en connais personnellement un qui peut faire une meilleure farine avec de moins bonnes données; mais celui-là, depuis son jeune âge s'est passionnément adonné à son état, l'a cultivé comme un véritable artiste, et marche en tête de toute la corporation des meuniers; aussi possède-t-il la plus belle clientelle !!! Revenant de ma digression, il serait à désirer que les meuniers quittassent les vieilles traditions, pour étudier, sous son véritable jour, une question si intéressante pour la boulangerie, qui jouirait tout d'abord de toutes les améliorations. Je suis bien éloigné de blâmer la conduite des meuniers, ils sont généralement estimés de la boulangerie. Mon but, dans ces quelques lignes, est de provoquer l'émulation et aussi des améliorations qui, sans compromettre leurs intérêts, satisferaient leurs nombreux clients. Cette idée de séchoirs avec ventilateurs est-elle impraticable ? ces meules à l'anglaise sont-elles inadmissibles ? Je crois, en m'occupant de cette question, n'avoir rien dit d'impossible ; et l'homme qui réclame au nom de tous des améliorations profitables à tous, n'est pas digne de blâme.

CHAPITRE IV.

Le blé étant converti en farine est rapporté au boulanger. On le repose dans la farinière, et, avant de le bluter, on retourne la farine brute, pour lui faire perdre le peu d'humidité qu'elle pourrait avoir conservé. Je prendrai ici l'occasion de parler d'un usage qu'ont certains boulangers de ne pas faire vider leurs sacs en revenant du moulin ; ils ne les font vider qu'au moment du blutage : l'instinct ou l'usage leur fait comprendre que cette farine brute donne au blutage un meilleur résultat ; mais ce résultat, qui est meilleur pour la qualité, ne l'est certes pas pour la quantité : vous obtenez une plus belle fleur de farine, j'en conviens, mais vous en obtenez moins. Toutes les fois que sur cette spécialité vous aurez un avantage en mieux, cet avantage sera équilibré par un désavantage d'un autre côté. Je dirai ici un mot sur les farines des blés de Bretagne. On s'extasie tous les jours sur le blutage de ces farines : les minotiers de là-bas, dit-on, sont plus avancés que ceux du Languedoc. Erreur profonde ! ! ! Les minotiers bretons sont obligés de nous donner des farines bien blutées. Leurs blés sont toujours humides, et dans le blutoir ces grains noirs que nous appelons *senille*, sont emportés avec le son et les autres superfluités. Prenez ici, à Marseille, un blé peu sec, et vous obtiendrez une fleur aussi belle que celles de Bretagne. Je connais des boulangers qui fabriquent beaucoup de pains à tête comme à Aix, et qui recommandent à leurs meuniers de leur faire leurs farines *molles*, c'est-à-dire, peu sèches. Aussi obtiennent-ils une plus belle fleur, mais beaucoup moins. Leur spécialité leur permet cette exception. Faites une expérience et vous verrez toujours que la qualité exclut la quantité, et réciproquement. Quant aux farines de Bretagne dont j'ai parlé plus haut, toutes les expériences des boulangers, année commune, n'ont jamais dépassé le vingt ou vingt-deux pour cent de prise d'eau dans le pétrin. Il est certain que le blé ne peut pas toujours absorber, et que ce qu'il avait avant d'être trituré, ne peut de nouveau être absorbé après la trituration. A Marseille le blutage s'est amélioré très-rapidement. Le boulanger a dû rechercher toutes sortes d'économies, et viendra un jour où les ouvriers seront inutiles pour ce travail. Les manéges se répandent, et si la volonté pouvait élargir les emplacements, tous les boulangers de Marseille en seraient pourvus.

Le blutage me conduit invinciblement à dire un mot sur la manutention militaire. Auparavant, je dois rendre compte d'une expérience assez curieuse que je fis avec un de mes amis, alors boulanger, et que la mort m'a ravi. Nous prîmes quatre sacs de farine brute, pesés exactement. Nous les séparâmes en deux portions égales. Nous vidâmes parfaitement le blutoir, où nous blutâmes consciencieusement deux sacs, tenant compte de tout le résultat. Quant aux deux autres sacs, sans rien enlever, nous les fîmes pétrir à la fois par deux ouvriers dans une seule fournée, avec le son, le petit son, et nous retirâmes du four une certaine quantité de pains. Nous procédâmes de même pour les deux sacs blutés exactement, avec la différence que pour la qualité nous fîmes deux fournées. Le premier pain, celui de la farine brute, fut non-seulement plus noir, mais il fut en moins grande quantité au poids, et nous nous aperçûmes, à notre grand étonnement, que le blutage, loin d'être contraire à l'absorption d'eau, lui était infiniment favorable. Cependant, si vous prenez du son, il absorbe une certaine quantité d'eau ; si vous prenez de la recoupe, de même, enfin, les autres subdivisions également. Mais il paraît que le son et la recoupe, mélangés à la fleur, lui font cracher l'eau. Cette expression peut seule rendre ce que je veux dire. Revenant à ce qui précède cette expérience, je suis persuadé que si le blutage de la manutention militaire était plus consciencieux, le pain serait infiniment meilleur et les rations beaucoup plus abondantes : en disant plus consciencieux, je veux parler pour la proportion obligée de son qu'on enlève. L'Administration supérieure devrait consentir à ce qu'on enlevât tout ce qui n'est ni farine ni gruau. Le soldat ne coûterait pas un grain de blé de plus

par année, et ce qu'on enlèverait paierait aisé-
ment la main d'œuvre. Que coûterait une expérience ? Que les employés supérieurs, seuls
juges compétents en cette matière, fassent une
opération sur dix charges : qu'on enlève tout
ce qui n'est qu'enveloppe, c'est-à-dire, le son,
la recoupe et la fine recoupe appelée repasse ;
que l'on fasse pétrir , en tenant exactement
compte du blutage , et fesant une double expérience , on comparera les deux résultats, soit
pour la blancheur, soit pour la quantité de rations en plus. Je sais bien qu'on peut ignorer
ces choses sans être répréhensible ; mais en
aucun cas on ne peut supposer que le petit son
peut nourrir des hommes. Je serais fâché que
l'on pût tirer de ce raisonnement une seule al-
lusion ; je ne connais dans cette partie ni em-
ployé supérieur ni subalterne, mais ce que je
dis, je le dis pour le bien de tous. N'est-il
pas déplorable vraiment que le soldat , que le

défenseur de la patrie mange une nourriture destinée aux bestiaux ? Et si l'on avait seulement la bonne volonté d'expérimenter, combien ne serait-on pas étonné, avec la même quantité de blé, de donner du plus beau pain et en plus grande quantité. Je soutiendrai à qui voudra que la farine de la manutention n'absorbe que le quinze pour cent d'eau, au lieu du vingt-cinq ou du trente qu'elle pourrait absorber. Mais, dira-t-on, ce n'est pas l'eau qui nourrit. Je conçois très-bien cela. Si l'on voulait employer des moyens surnaturels pour forcer la farine à retenir l'eau, d'accord sur ce point. Mais si, par la seule différence du blutage, vous ne faites pas manger au soldat du son et du petit son : si, par ce moyen très-naturel, une charge de blé, au lieu de vous donner quatre-vingts rations de pain très-noir, vous donne quatre-vingts rations de pain moins noir et conséquemment plus mangeable, que direz-vous alors ? Je ne vous promets pas plus de pain avec moins de marchandise, ce serait un trop grand miracle : mais je puis vous en promettre autant. C'est-à-dire, que les cinq ou dix kilogrammes de son et de petit son que vous enlèverez seront remplacés par de l'eau, et cette eau qui ne nourrit pas le soldat, vaut toujours mieux pour la qualité que le petit son qu'elle remplace et qui aurait terni la qualité d'autant. Faites une expérience et ouvrez vos yeux à la lumière : si cette amélioration ne dépend pas de vous, donnez-vous tous les mouvements possibles pour obtenir, pour provoquer des essais; écrivez, s'il le faut, à M. le Ministre de la guerre. Il s'intéresse vivement à tout ce qui concerne le soldat. Je me plais à croire qu'il ne voudra pas demeurer étranger à ce qui est la base de son alimentation. Alors vous aurez rempli votre tâche, alors vous aurez, autant que possible, contribué au bien-être du soldat, et vous n'aurez pas peu fait surtout dans ce siècle ; vous aurez agi consciencieusement.

CHAPITRE V.

Maintenant que la farine est blutée, il faut penser à la panifier. Cette opération demande une assez grande quantité de préparatifs, et je dirai un mot de ces préparatifs. En partant de la base principale, je veux parler du petit levain, il serait fort à propos, dans toutes les boulangeries, de peser ce petit levain, surtout en été; car il arrive souvent que, par imprévoyance, le pain a une propension à donner sur l'aigre.

On devrait, chose essentielle, avoir un ouvrier consommé pour mener les levains. Le plus souvent on charge de ce soin un tout jeune apprenti, ignorant l'influence des levains sur la panification. Cet enfant met trop ou trop peu d'eau, fait la pâte trop dure ou trop molle, la travaille trop ou trop peu ; enfin, sans le savoir, il peut donner une fausse direction. Cet enfant, au lieu de frotter le petit levain contre le pétrin pour tout-à-fait le refondre et rafraîchir, par oubli ou par paresse, va par le plus court chemin, et tout va mal. En second lieu, lorsque le petit levain rafraîchi s'est reposé pendant trois ou quatre heures, vient le moment de mettre le grand levain ; alors l'ouvrier chargé de cela abrège encore, au lieu de dépiquer son grand levain avec quelques aspergées d'eau et les poings fermés, met l'eau tout à la fois et s'écarte ainsi des bons principes. Est-il si difficile de comprendre que la fermentation du levain allant comme la nature elle-même graduellement, vous devez aussi aller graduellement vous-mêmes ? Quant à moi, je pense que les anciens usages sont préférables pour la manipulation des ouvriers. Comment! nos anciens qui avaient sur nous l'avantage immense de panifier des blés *bien mûrs*, prenaient toutes sortes de précautions, et nous, qui n'avons presque jamais pour la maturité les mêmes qualités de blés, nous les négligerions!!! Dépiquez, détrempez les levains avant de les doubler ; lorsque le levain est travaillé, dépiquez le restant, parce qu'ainsi ce levain qui fermente déjà par le mélange du levain primitif et par la chaleur de vos coudes, est averti, pour ainsi dire, et vous agissez comme la nature graduellement dans vos opérations. Ouvriers, suivez les bons principes, et sachez qu'en ne vous en écartant pas vous faites l'avantage de ceux qui vous font gagner votre vie. Beaucoup de gens se sont récriés contre le dépiquement du pain par les pieds. S'il ne s'agissait, Messieurs, que de vous faire du pain de munition ou du pain de ménage, ce serait facile. Au reste, ne croyez pas que le dépiquement soit le plus facile pour l'ouvrier pétrisseur. Je soutiens que c'est le plus difficile et le plus délicat, l'opération dont la réussite ou la non réussite peut avoir les conséquences les plus heureuses ou les plus mauvaises pour le pain; un ouvrier qui a bien travaillé son levain et qui a bien séché les aspersions diverses, est presque sûr de faire du bon pain. Au reste, cette opération se lit sur le pain lui-même, par ce que les ouvriers appellent techniquement *l'escuit* du pain, ou autrement dit la dorure extérieure et supérieure du pain, lorsqu'il est cuit à point.

Ne serait-ce pas ici le moment de dire un mot de l'inégalité des fournées dans les diverses boulangeries? Puisque les ouvriers sont parvenus à établir une égalité de salaire, ne devrait-on pas établir une égalité de travail? Toutes les autres corporations d'ouvriers marchent sur ce pied. Les maîtres boulangers devraient adopter un poids uniforme et exiger des ouvriers l'emploi de toute la marchandise. Vous avez deux ouvriers également bons; l'un vous fait deux quintaux de pain par fournée, l'autre un quintal et demi : lequel des deux est le meilleur ouvrier, si leur pain est également bon? De deux choses l'une, ou l'un des deux est trop peu payé ou l'autre fait tort à son maître en faisant moins de pain. Quant à ce qui regarde le salaire en général, arrivés à un certain prix fixé par l'autorité locale ou par l'usage, les maîtres ne devraient, je pense, avoir aucune règle à cet égard. Les ouvriers étant tous moins bons ou meilleurs les uns que les autres, les prix devraient varier aussi. Mais avant d'en venir là, il serait d'abord très-rationnel d'égaliser les fournées dans toutes les boulangeries ; alors on ne verrait pas, comme aujourd'hui, des ouvriers ambitionner telle ou telle place, parce que les fournées y sont plus petites. Je ne parle pas ici des ouvriers laborieux.

Je saisis avec plaisir l'occasion de parler du placeur des ouvriers boulangers. Comment se fait-il qu'une cause qui pouvait amener les résultats les plus heureux pour les ouvriers ait été méconnue jusqu'à ce jour!!! Le placeur a été tantôt payé par les maîtres et tantôt par les ouvriers, mais indirectement par ceux-ci, puisque c'est toujours un homme qui donne à boire et à manger, et dont la clientelle se compose en grande partie d'ouvriers boulangers ; de là cette inégalité dans le placement des ouvriers ; il est bien entendu que le placeur procure plutôt une place à un de ses clients qu'à un inconnu. Quant à moi, guidé seulement par des vues philanthropiques, je conçois le placeur d'une toute autre manière, et ce qui paraît très-indifférent pour l'avenir des ouvriers, une fois signalé deviendra, je l'espère, digne de l'approbation de tous.

Il faudrait un placeur indépendant des ouvriers, je veux dire tenu et payé par les maîtres, et révocable à volonté s'il ne faisait pas son devoir. Ce placeur ne pourrait procurer aucune place, pas même aux apprentis, sans exiger une somme ronde de trois francs par ouvrier quelconque. Ces trois francs seraient payés par le maître chez lequel l'ouvrier entrerait pour le compte de l'ouvrier entrant; et le placeur donnerait un petit reçu de cette somme. Toutes les semaines, addition exacte des sommes provenant des placements divers; registre sévère et obligé de la part du placeur; versement immédiat soit à la caisse des dépôts et consignations, soit à la caisse d'épargne et de prévoyance. Ce placement serait fait d'une manière inaliénable, et les pensions de toutes les sommes serviraient à payer aux ouvriers qui auraient un certain nombre d'années de service une pension viagère de deux à trois francs par jour. Conçoit-on maintenant tout le bienfait de cette organisation nouvelle? Alors plus de partialité pour le placement des ouvriers; chacun en payant pourrait se déplacer à volonté, et plus il y aurait de mouvement, d'échanges, plus la caisse d'amortissement serait considérable. Je n'ignore pas combien d'obstacles s'opposeront à la réalisation de ce beau projet, projet qui mettrait à l'abri de la misère le pauvre ouvrier à qui les circonstances n'ont pas permis de faire des économies! Voyez cet ouvrier qui est courbé par l'âge, qui a travaillé pendant trente années et luttant contre la maladie et la misère! D'un autre côté, avec cette nouvelle organisation, voyez cet ouvrier pouvant avec l'âge se reposer tranquillement, et jouir d'un revenu assuré de trois francs par jour. Certes il me semble que cela mérite quelques considérations; avec le mode actuel rien en perspective au vieil ouvrier;

avec le mode nouveau, une retraite aisée et commode. Puisque j'ai indiqué le remède, il faut aussi que j'indique comment on arrivera à un résultat; les ouvriers, après avoir médité sur les avantages du nouveau mode de placement, devraient adresser une pétition au syndicat des boulangers; ils demanderaient qu'on leur choisît un placeur indépendant. Ils exposeraient leur intention dans le sens ci-dessus, et la corporation des maîtres, heureuse de fonder une si philanthropique institution, leur accorderait, je pense, tout ce qu'ils demanderaient. Le syndicat serait appelé alors à faire un réglement pour les conditions, l'âge et le moment de la retraite. Pour les vieux ouvriers actuellement existant, et sur la conduite desquels il n'y aurait rien à dire, on pourrait, par exemple, faire une exception d'âge pour le commencement de la retraite. Mais calculerait-on bien au juste quel beau résultat pourrait donner cette mesure ?!! Quant à moi personnellement, je l'appelle de tous mes vœux, et le but de ces quelques lignes est d'y parvenir ; il est de certaines choses tellement utiles, qui, une fois signalées, peuvent être regardées comme faites : de ce genre est cette amélioration. Hélas ! je n'ai que trop connu de bons et sages ouvriers qu'une misérable perspective a poussés à un affreux désespoir, au suicide !!! Épargnons ce triste déboire à une classe d'hommes dignes de toute notre sympathie, puisqu'elle travaille jour et nuit à notre alimentation !!!

CHAPITRE VI.

Lorsque le pain est pétri, on le repose dans les tables et on le laisse lever dans la gloriette. Je me bornerai à faire une seule recommandation aux maîtres et par contre coup aux ouvriers ; lorsque la pâte est assez travaillée et que l'ouvrier vient de passer sur *l'estanque*, d'où vient que le plus grand nombre des ouvriers lambine tant pour mettre la pâte dans les tables ? Cette négligence, presque excusable en hiver, est tout-à-fait inexcusable en été. J'ai ouï dire par des anciens ouvriers que ce repos dans le pétrin est tout au préjudice du pain, et que si la pâte est travaillée à point, il vaut beaucoup mieux s'empresser de la reposer dans les tables, pour l'abaisser s'il le faut après un petit moment de repos. Les gloriettes sont ordinairement mal tenues, les ouvriers se permettent d'y fumer, ce qui n'est pas convenable. Que dirons-nous de la manière de passer le temps dans les gloriettes, et les mœurs ne peuvent-elles pas exister partout ! Ce serait ici le cas d'insister sur cet article concernant les mœurs très-relâchées de ces hommes qui, s'épuisant à travailler, sont d'eux-mêmes les ennemis, en ne prenant pas le repos nécessaire et en fréquentant des lieux où ils laissent, le plus souvent, les restes de leur santé épuisée. La génération actuelle des ouvriers boulangers est moins robuste qu'autrefois, parce que autrefois les maîtres nourrissaient leurs ouvriers. Je comprends bien qu'un ouvrier père de famille, homme rangé et tranquille, puisse faire son travail sans que son estomac s'en ressente. Mais voyez ce jeune homme pensant plutôt au plaisir qu'à la sustentation de son corps, aimant mieux promener avec ses amis, et tromper son appétit avec des spiritueux, que de s'attabler pour réparer ses forces épuisées ! Je crois que l'autorité locale devrait prendre un arrêté par lequel les ouvriers garçons seraient nourris dans les ateliers, et les mariés seulement payés comme auparavant. J'entends déjà les donneurs à manger crier contre cette réclamation ; mais si ma réclamation est toute dans l'intérêt de la santé de ces jeunes gens, qui pensent plutôt à boire et à chanter qu'à nourrir solidement leur estomac ; aussi voyez les jeunes ouvriers boulangers, ils portent tous sur leurs figures la vérité de mon assertion. Dans des considérations toutes humanitaires rien ne doit retenir celui qui a la conviction de ce qu'il avance. Je dirai un mot sur

les maîtres de pelle, qui vont aussi dans la gloriette pour voir si la pâte est assez levée. Il y a
souvent des causes de désaccord entre les ouvriers
pétrisseurs et le maître de pelle ; de là vient la
nécessité de confier ce travail à des ouvriers
expérimentés. Il y a aussi un abus qui cesserait
facilement si les maîtres le voulaient. Les fournées n'étant pas uniformes dans toutes les boulangeries, les maîtres de pelle, pour ne pas
s'aliéner l'esprit des ouvriers pétrisseurs, sont
obligés de labourer largement le pain d'une pe-
tite fournée, et de deux choses l'une, suivant le
degré de chaleur du four, ou le pain cuit trop ou
il est surpris ; dans ces deux cas, ou le boulanger
ou l'acheteur est dupe de cet abus. Avec les
fournées parfaitement égales, tout cela finirait.
Il y a aussi un grand inconvénient pour certaines
boulangeries qui n'ont qu'une seule gloriette
pour l'été et pour l'hiver. En hiver tout va bien,
mais en été combien de pain trop levé et aigri !

Quelle attention ne faut-il pas au maître de pelle, surtout si son pétrisseur a les mains chaudes !

Mais je le redirai de nouveau, à satiété, de tous les inconvénients, le plus grand est celui de l'inégalité des fournées. En effet, le même levain n'est-il pas inégal pour faire soixante ou quatre-vingts kilog. de pain et réciproquement? Avec les fournées égales, l'eau serait toujours à peu près la même, et l'ouvrier ne serait pas exposé à faire une pâte ou trop dure ou trop molle. Vous voyez donc que je n'ai pas tort d'insister sur ce point et d'y revenir encore, demandant aux boulangers, au nom de leurs intérêts les plus chers, de s'entendre sur un point à eux si essentiel.

CHAPITRE VII.

Avant de parler du pain dans le four nous dirons par réminiscence un mot d'un ancien usage exigé par la police. Je veux parler de la marque du pain; autrefois on était très-sévère et cet usage va se perdant, parce que la raison et le bon sens en ont indiqué l'inutilité : il est impossible qu'un boulanger ait chez lui d'autre pain que le sien. Cette trace non-seulement donnait plus d'évaporation sur le pain, mais était encore sujette à le faire déformer dans le four ; une pâte trop faible de travail, et cela arrive plus souvent que l'autre extrême, une pâte trop faible, dis-je, est si délicate, que cette opération peut faire déformer la majeure partie des pains. Si la marque seule avait été un titre de vente, alors rien de mieux. Ensuite l'assujettissement de l'ouvrier qui a bien assez d'occupation pour couper son pain, pour peu qu'il ait affaire à un maître de pelle ayant la main vite. Cette question au reste est de trop peu d'intérêt pour que je fasse perdre à mes lecteurs le temps d'en lire davantage. De deux choses l'une, la police exerce la boulangerie ou elle ne l'exerce pas. Dans le second cas la marque est inutile ; dans le premier la police peut se transporter chez les boulangers, pour elle-même examiner la qualité. Je reviens à mon sujet, le pain est mis dans le four ; quelques boulangers ont la manie d'enfourner leur pâte non assez levée ; d'autres bien levée avec le four bien chaud : on croit généralement que le pain bien levé et bien cuit est meilleur au corps ; et cette erreur a été partagée dans une recommandation, pendant le choléra, recommandation insérée dans un aperçu ayant pris sa source à la Mairie. Je suis bien loin de critiquer cette recommandation ; à Dieu ne plaise que jamais je ne m'élève contre des vues de philanthropie ; mais puisque je suis sur un sujet que je veux traiter à fond, je dois parler d'après ma conviction et mon expérience. Qu'est-ce que le pain ? C'est un levain dont la fermentation est arrêtée par la coction : voilà je crois la définition exacte ; tout pain qui ne renfermerait pas cette condition, tomberait dans la classe des biscuits. Le point essentiel pour enfourner la pâte est un certain moment que l'usage seul peut indiquer, et cela est tellement vrai que, suivant l'ouvrier qui a pétri la fournée, la pâte restera demi-heure de plus ou de moins dans les tables. Preuve convaincante que l'usage seul peut apprendre ce point. Si vous enfournez la pâte non assez levée, votre pain, il est vrai, aura meilleur goût, il sera plus beau à l'œil, mais il sera plus pesant, il sera plus indigeste ; dans le cas contraire, il sera moins beau à l'œil, il sera plus léger, mais il aura aussi une propension à un goût aigrelet ; ce sera du levain que vous mangerez, et il sera devenu indigeste par l'excès contraire. Ainsi donc il faut choisir un point intermédiaire : je suis amené ici à parler des pâtes dures et des pâtes molles. Ordinairement ceux qui vont à la provision du pain chez le boulanger, s'impatientent quand ils trouvent du pain pesant. Si cette pesanteur vient du défaut de coction, la faute en est un peu au maître de pelle, et souvent il n'en est pas répréhensible. En effet, les ouvriers actuels ayant l'habitude de prendre les moyens le plus expéditifs, prennent les plus faciles. Au nombre de ceux-ci, sont les pâtes dures, consacrées par un vieux proverbe : « *pâte dure, pâte sûre.* » Si ces ouvriers en faisant une pâte qui prend moins d'eau se donnaient au moins la peine de la refondre parfaitement, mais il n'en est rien. Ce moyen commode pour eux et tout-à-fait contraire au maître, leur permet de moins travailler, et le maître de pelle lui-même ne peut pas obtenir que cette pâte dure ne soit pas rétive à la coction. Ainsi donc la commodité et la facilité pour le pétrisseur, sont toutes au désavantage du maître boulanger et de la population. Mais, dira-t-on, ce n'est pas l'eau qui nourrit, et conséquemment la pâte dure est toute à l'avantage de la population ! D'accord sur ce point, si la dureté de la pâte n'était reportée sur la coction. Quoi qu'il en soit, cette excuse et ce faux-fuyant ne pourront jamais être compris dans la bouche d'un ouvrier fainéant ; celui-ci ne cherche que sa commodité, peu lui importe la population !!!

Au contraire, lorsque l'acheteur trouve du pain

bien léger et tout à sa convenance, c'est lorsque le maître a le bonheur de posséder de laborieux pétrisseurs, bien aises de faire prospérer celui qui les nourrit et qui ne conditionnent la pâte qu'avec autant d'eau que possible. Alors la pâte molle exige le four moins chaud, cette pâte tout en cuisant mieux, prend dans le four un volume admirable, et ce qui fait l'avantage du maître fait aussi le contentement de ceux qui viennent lui acheter son pain. C'est bien le cas ici de faire remarquer cette différence des ouvriers dans telle ou telle boulangerie. Heureux les maîtres qui possèdent de laborieux ouvriers, qui font à leurs maîtres ce qu'ils voudraient, s'ils devenaient maîtres, qu'on leur fît à eux-mêmes. Belle et sage maxime qui va s'effaçant tous les jours !

La cause la plus ordinaire de la négligence des ouvriers pétrisseurs, est occasionnée par la faiblesse et la condescendance que l'on a eues de les autoriser à se nourrir eux-mêmes. Souvent

un ouvrier est demeuré quelque temps sans travailler; il a chez les logeurs obtenu un crédit
pour vivre; ayant obtenu une place, il économise
sur son estomac de quoi payer ses dettes et c'est
le maître qui en souffre. Je sais que je fais ainsi
le panégyrique de l'ouvrier! Et pourquoi ne pas
admettre cette excuse si elle a pu exister, et si
elle peut exister? Plût à Dieu que leur négligence prît toujours sa source dans une si noble
cause!!! D'autres, et c'est le plus grande nombre,
ont contracté cette habitude par pure paresse,
ou occasionnée peut-être primitivement par ce
que j'ai dit plus haut. Enfin, j'ai la conviction de
ce que j'avance et je ne crains pas de me répéter,
l'autorité locale, et dans l'intérêt des maîtres boulangers et dans l'intérêt de la population, devrait
exiger que les maîtres nourrissent leurs ouvriers,
je veux parler de ceux qui ne sont pas mariés.
Un jour viendra peut-être où l'on prendra de si
sages mesures, et où l'on comprendra combien

a été légitime la résistance des maîtres qui ne voulaient pas dans le temps discontinuer de nourrir leurs ouvriers! Quant à moi, j'ai connu des ouvriers qui auparavant, étant forcés de faire l'ordinaire des boulangeries, se portaient très-bien, devenir malades et chétifs du moment qu'on eut discontinué de les nourrir. Et cette classe d'hommes ne mérite-t-elle pas l'attention des magistrats, si ce n'est plus, au moins autant et aussi bien que tout le reste de la population!

Puisque le pain est dans le four pour cuire, nous dirons un mot du chauffage des fours. La manière ordinaire est de mettre un certain nombre de fagots de bois de pin, nombre qui varie et qui diminue en proportion du nombre des fournées. Plusieurs boulangeries ont adopté la pierre d'Antibes, qui non-seulement économise du combustible, mais qui dure vingt ans sans avoir besoin d'être renouvelée. On a depuis quelque temps inventé un nouveau système de chauffage de four, qu'on nomme *fours à chauffage continu*. Il semble de prime-abord que ce système est impraticable, et moi-même j'y aurais cru difficilement, si je n'en avais vu un à Gap il y a quelques années. Au moyen d'une grande cloche en fonte qui occupe le centre du four, et sous laquelle brûle continuellement une certaine quantité de charbon de pierre, le four est maintenu avec une chaleur toujours la même; le maître de pelle n'a besoin que d'alimenter ce foyer de très-petite dimension et qui, par cela même, n'en est que moins coûteux. Par ce moyen on détrône l'écouvillon. Il serait à désirer que les entrepreneurs, dans l'intérêt de leur invention, pussent traiter conditionnellement avec quelques boulangers de la ville, et une fois l'impulsion donnée, tous seraient jaloux d'imiter les premiers. Nous n'ignorons pas tous les obstacles à surmonter; combien de dévouement il faudrait à un boulanger innovateur, surtout si cette innovation allait être adoptée subitement par la masse des boulangers. Il y aurait avec cette invention un assez grand avantage pour le boulanger; c'est qu'enfin le beau rêve du dimanche, surtout pour les ouvriers, pourrait être réalisé, et que le boulanger pourrait vendre son pain frais presque simultanément. On aurait deux levains dans les gloriettes, je ne dirai pas deux pétrins parce que tous les boulangers, ou presque tous en ont deux; et avec un peu plus de complications, un four à grands compartiments, ou à deux parties, le maître de pelle au lieu de douze ou dix-huit heures de travail, pourrait tout faire dans cinq ou six heures, soit en hiver, soit en été. L'usage pourrait bientôt être introduit, et le dimanche serait enfin pour le boulanger comme pour tous un jour de fête, un jour de repos. Ces considérations ne sont pas à dédaigner, je ne dirai pas pour les mœurs, mais pour le bien-être de la classe ouvrière. Avec l'adoption de ces fours continus, le boulanger vendrait tout son pain chaud ou frais, sans évaporation ; le travail, nous le savons, serait plus pénible, mais seulement pour le maître ou sa dame, et au demeurant ne vaut-il pas mieux vendre dans quatre heures ce que l'on vend dans tout le jour ? Au contraire, une fois l'habitude prise, on saurait que les boulangeries ne vont que dans la matinée de telle à telle heure, et tout le monde se conformerait à ce nouveau genre de travail.

Il serait à désirer, dirai-je de nouveau, que quelque boulanger prît l'initiative, et tous l'imiteraient. Si cependant pour ne rien oser on se trouvait dans le cas de ne jamais obtenir cette belle et importante amélioration, le syndicat agissant avec prudence pourrait, au nom et dans l'intérêt de tous, à peu de frais, déléguer deux boulangers expérimentés, qui se rendraient sur les lieux pour étudier ce nouveau mode de chauffage ; on pourrait expérimenter les diverses qualités de pain que l'on fabrique ici à Marseille, et si enfin ce système était reconnu bon, toutes les difficultés pour son adoption pourraient se trouver aplanies.

Ce nouveau système de boulangerie a, au reste, au point de vue champêtre, une portée assez grande; ces boulangeries sont chauffées avec du charbon de pierre, et notre territoire, qui va se déboisant peu à peu, garderait ses quelques bouquets de bois de pin. La Provence, cette gueuse pelée et parfumée, a besoin de ménagements; et les boulangeries qui sont d'un assez grand poids dans ce déboisement général, discontinuant d'enlever ces quelques bouquets de pin nous pourrions dans cinquante ans, et les fours continus étant adoptés dans toute la Provence, si ce n'était nous, au moins nos neveux, jouir de quelques belles forêts et même de quelques filets d'eau pure, retenus par ces arbres. On s'apercevra que je traite ces questions pour bien loin; mais qui l'ignore, qu'à la longue les plus petites choses peuvent être d'une bien grande conséquence; telle que l'eau qui goutte à goutte finit par creuser le rocher, telle une idée suivie peut faire exister de beaux arbres où il n'y a aujourd'hui que pierres et roches nues.

CHAPITRE VIII.

Le pain est vendu de deux manières dans les boulangeries ; il est échangé contre de l'argent comptant, ou, au moyen d'une taille, les acheteurs ont un crédit plus ou moins limité pour régler tous les mois ou tous les deux mois. Le nombre de ces tailles est tellement considérable dans quelques boulangeries, que le boulanger, le soir, ne se trouve pas la moitié de sa recette en espèces sonnantes, charge énorme et qu'il faut prendre en considération. A propos de la vente du pain, nous ferons mention de la différence de vente dans telle boulangerie ou dans telle autre. Cette différence provient-elle du rapprochement des boulangeries? provient-elle de la différence de qualité? enfin quelle en est la cause? Il y a certaines localités dans Marseille où des boulangeries qui n'ont pas dix pas de distance de l'une à l'autre, font toutes un beau travail, et d'autres qui bien qu'éloignées les unes des autres font très-peu de fournées. L'autorité supérieure pourrait seule faire cesser cet état de choses. On ne peut attribuer cette différence qu'au pain forain inégalement réparti dans la ville, et cette inégalité existera toujours, à moins que l'on n'arrive à fixer d'une manière définitive le nombre des boulangeries et à défendre au pain forain d'entrer en ville. Ce que nous demandons ici est tellement peu impraticable, que la capitale a un nombre fixe de boulangeries; Alger même est dans ce cas, et si cette mesure n'a rien eu d'alarmant pour **Paris**, combien mieux serait-elle praticable à **Marseille**. Nous dirons plus bas la différence d'avantages du boulanger de la banlieue et du boulanger de la ville. Dans ce chapitre je me borne à indiquer le remède au mal; le nombre des boulangeries étant fixé et le pain forain n'entrant plus en ville, peu à peu le travail prendrait une juste répartition et serait équilibré.

Il est certain que quelques boulangeries travailleront toujours plus, cela se comprend pour les boulangeries qui sont mieux placées, qui font de plus fortes rentes ; enfin pour les boulangeries de première classe qui feront toujours plus que celles de seconde et de troisième classe.

Puisque je parle des classes des boulangeries, je dirai un mot sur la cote annuelle des boulangers. La cote est une somme destinée à payer le loyer du local où se tiennent les assemblées ; plus, l'agent coureur; plus, le secrétaire du syndicat; enfin quelques petites dépenses accessoires.

Cette cote indépendante en tout point de la patente qui augmente toutes les années d'une manière par trop onéreuse pour les boulangers, varie suivant la boulangerie, soit de première, deuxième ou troisième classe. Les boulangers réunis en corps depuis environ trente-cinq ans, ont cependant oublié le but le plus essentiel d'une corporation quelconque. Puisque je me suis intéressé aux ouvriers, avec combien plus de raison ne dois-je pas m'intéresser aux maîtres, cet ouvrage, cet aperçu leur étant dédié de plein droit. Oui, Messieurs les maîtres boulangers, votre corporation a oublié le point le plus essentiel. Quel est ordinairement le but de toute association d'hommes? C'est de gérer les affaires présentes des associés et de prévoir les malheurs, les maladies qui peuvent atteindre ses membres. Vous payez, je le sais, votre cote syndicale; mais est-ce là tout. Ho! certainement non.

Les maîtres boulangers donnent de temps

en temps des secours aux anciens maîtres qui se trouvent dans le besoin. Ces secours ont trop l'air d'une aumône ; au lieu de cela, les maîtres boulangers devraient adopter un supplément à la cote annuelle. Ce supplément serait à l'amortissement vingt-cinq francs par année chacun. Cet argent, placé d'une manière inaliénable en lieu sûr, avec intérêts et cumulé d'année en année, finirait par produire une assez forte somme, et pourrait servir à payer aux vieux maîtres nécessiteux et probes une rente viagère de tant ou de tant. Ne cherchez pas ici à me faire des récriminations sur les abus passés ! Soyons magnanimes, ne regardons que l'avenir, en prenant toutefois des précautions qui rendront ces abus impossibles.

Cette idée n'est-elle pas digne de votre approbation, et doit-on se laisser arrêter par quelques obstacles qui, avec le temps, peuvent être surmontés ! Quel sera le syndic assez heureux pour doter la corporation d'une si bonne et si belle innovation, pour la faire adopter par toute la boulangerie ? Les ouvriers, dont nous nous sommes occupé plus haut, sont bien moins que vous exposés aux vicissitudes de la fortune. Eux avec la santé peuvent toujours gagner les mêmes salaires; pour eux point de fausses spéculations, pour eux point de mauvais crédit, point de déficit, point de rentes, point de patentes. Et après tout cela hésiterez-vous à garder une planche en cas de naufrage ? Les malheurs qui fondent sur un jeune homme se réparent avec le temps; mais a-t-il le temps, le vieillard? Quel est celui qui est à l'abri des coups de la fortune ? !! Prenez donc en considération ce supplément de quotité qui pourra vous servir au jour du malheur ! ! !

CHAPITRE IX.

J'ai besoin, pour tout embrasser, de traiter quelques petits accessoires. Autrefois, les boulangers, suivant leur siècle, donnaient peu ou point d'éducation à leurs enfants ; et ce que j'ai avancé dans mon avant-propos mérite ici un plus ample développement. Les boulangers, je veux parler de ceux du dix-neuvième siècle, ayant reconnu et apprécié les avantages d'une bonne éducation, ont fait tous leurs efforts pour que leurs enfants pussent jouir de cet avantage dont nos troubles révolutionnaires les avaient empêchés de jouir. Aussi, combien de notabilités ne comptons-nous pas fils de boulangers : les Chassan, les Gaduel, les Pontier, les Billon, les Meffre, les Surian, etc. etc. Peut-on dire que les pères de ces hommes n'aient pensé qu'à l'intérêt pécuniaire et qu'ils n'aient pas accompli en tout point les devoirs de citoyen ? Les fils actuels n'ont, certes, pas dégénéré de leurs pères, et l'on voit tous les boulangers donner à leurs fils la meilleure éducation possible.

Jetons un coup d'œil sur les boulangers de la campagne, pour regarder tout d'abord la différence que leur occasionne la famille pour l'éducation, de même que plus bas nous verrons l'inégalité de leurs données pour la concurrence de la fabrication avec les boulangers de la ville.

Le boulanger de la banlieue fait servir ses enfants à sa boulangerie, après leur avoir donné, s'il la leur donne toutefois, une éducation villageoise. Ses enfants sont ses ouvriers ; pour lui une rente insignifiante , point ou presque point de patente, économie même sur le bois de chauffage ; il achète le blé toujours à meilleur marché, pour la commodité des paysans. Les ouvriers , s'il en a , sont nourris chez lui, et conséquemment plus robustes. Pour lui pas d'impôt sur le vin , pas d'impôt sur la viande de boucherie. Dans sa boulangerie rien ne se perd ; a-t-il même de l'eau blanche? ses porcs en profitent. Enfin, le boulanger de campagne a des armes bien peu courtoises contre le boulanger de la ville.

Tous ces avantages pourraient , nous le savons, tourner au profit de la population ; mais il n'en est rien : il ne fait pas une meilleure qualité. Admettons qu'il fît une meilleure qualité , bien plus terrible deviendrait sa concurrence par l'inégalité de ses charges ! Mais les réglements sont impuissants pour atteindre le boulanger de la campagne. Il peut, suivant son bon plaisir, ou sa convenance, apporter ou non du pain à volonté; de manière que si, dans un moment de disette, le pain est taxé d'une manière un peu serrée, ces Messieurs jouissant de leur privilége, s'abstiennent d'introduire du pain. Voilà l'abus. Mais qui donc a octroyé aux boulangers de la banlieue un si commode privilége ? Voilà de quoi effrayer une administration qui réfléchit. Vous avez dans la ville une corporation d'hommes, soumise à des réglements, à un approvisionnement, à la police. Vous obligez, lorsque l'occasion l'exige, ces boulangers à avoir sur leurs tables du pain, soit de première, soit de seconde qualité. Vous vous réservez un droit d'investigation dans leurs farinières pour leur approvisionnement; investigation pour la qualité, et ceux de la banlieue sont tout-à-fait en-dehors de vos atteintes ! ! ! Mais avez-vous donc une balance inégale ?

Non ; mais cette balance inégale, c'est votre imprévoyance. Nous sommes loin de vous en faire un crime, mais nous vous dirons franchement les moyens à prendre contre ces inconvénients qui méritent toute votre sollicitude. Lorsque le pain est taxé, comme il doit l'être toujours, de manière à laisser gagner sa vie au boulanger, ces hommes qui ont sur les boulangers de la ville de si grands avantages, viennent en masse encombrer les marchés. Dans un moment critique, l'autorité locale n'augmente que très-difficilement le prix du pain. Voilà le moment critique pour le boulanger de la ville, car alors les boulangers de la banlieue qui devraient, par l'inégalité de leurs charges, résister plus long-temps, sont les premiers à déserter lâchement l'arène. Voilà l'injustice la plus criante, s'il en fut. Le nombre des boulangeries étant fixé, qu'aurions-nous besoin du pain de la banlieue ? Si vous le voulez absolu-

ment, prenez vos mesures, pour que ce boulanger qui apporte 500 kilog. de pain tous les
jours, les apporte continuellement, sinon exclu
pour toujours d'introduire du pain.

Heureusement pour la population Marseillaise,
que les temps de disette sont bien rares, sinon
notre ville serait, sans s'en douter, à la merci
des boulangers de la banlieue. Il y a lieu d'être
étonné que l'autorité supérieure n'ait jamais ou-
vert les yeux sur cet abus, et que l'on se soit
toujours endormi dans une sécurité qui un jour
pourrait devenir funeste. Bien plus, en facilitant
les boulangers de la ville, les recettes de l'octroi
seraient d'autant plus fortes.

Un impôt, si petit qu'il soit, à la longue peut
beaucoup produire, et nous avons nommé pour
le boulanger de la banlieue une foule de diffé-
rents impôts. Il serait certainement impossible
de percevoir tous ces impôts, quoiqu'en les
exigeant on ne fît que les faire rentrer tous

dans le droit commun. Je crois même que si,
en outre de tous ces impôts, on adoptait l'uni-
formité de la taxe pour la farine, le boulanger
de la banlieue aurait encore tout l'avantage,
ne serait-ce que par l'exiguïté de ses rentes.
Quel est le boulanger de la ville qui, avec quatre cents francs de rente pourrait être logé aussi
bien et aussi commodément qu'un boulanger de
la banlieue? Avec cette rente, non-seulement le
boulanger de la banlieue obtient sa boulangerie,
mais encore un petit champ où il peut récolter
du vin, du blé, du fruit, de l'huile, etc. On
prétextera que le boulanger de la ville fait toujours plus de travail que celui de la campagne.
Oui, pour certaines localités, non pour d'autres.
Je connais des boulangers de campagne qui
font six à huit fournées par jour et dont la
meilleure partie est importée en ville. Dans tous
les cas il serait de l'intérêt de l'autorité supérieure de prendre fait et cause pour le plus fai-

ble, et ici c'est le boulanger de la ville, puisqu'il a plus de charges à supporter que le boulanger de la banlieue. Le seul moyen à prendre, si l'on ne veut pas tout d'abord empêcher au pain forain de venir en ville , ce serait d'exiger que la banlieue fournît toujours la même quantité de pain en temps d'abondance comme en temps de disette. Qu'on y prenne garde : est-il juste que moi , boulanger de la ville , je sois chargé d'alimenter , en perdant sur la vente du pain , une famille qui aura auparavant donné son béné-fice à un boulanger de la banlieue? Ne me dois-je pas, corps et âme, à ma clientelle bien-aimée ? Ces inconvénients ne se présentent jamais , ou ne se sont pas présentés jusqu'à présent : mais si un pareil état de choses venait à avoir lieu un jour , à qui en serait la faute ?

Je vous accorderai pour un instant qu'il vous soit impossible de donner aux boulangeries un semblable privilége, je veux dire la taxation de leur nombre, quoique ce privilége soit bien assez mérité par leurs charges. Alors faites-les rentrer dans le droit commun , et laissez-les , comme toutes les autres professions , libres de vendre leur marchandise à leur manière. Ainsi les boulangers feraient comme tous les autres marchands : il y aurait du pain pour toutes les bourses , de toutes les qualités. L'acheteur pourrait marchander son pain , et les commencements seuls seraient pénibles. Enfin, de deux choses l'une, ou vous voulez le privilége, ou vous ne le voulez pas. Soyez conséquents avec vous-mêmes , ou bien voulez-vous une loi arbitraire ? Qu'une explication franche ait lieu, et qu'on ne laisse pas les boulangers dans une injuste et désespérante alternative. Ou les boulangeries doivent être fixées pour le nombre , ou elles doivent être libres à tous, et pour le nombre et pour le prix du pain. Plus d'approvisionnement de réserve, plus de qualité obligée. La loi sur les

céréales de 1834 établissant ce nouveau système
de bascule, nous met à l'abri de ces hausses
scandaleuses et effrayantes que virent nos pères.
Avec l'augmentation du prix moyen, le droit
d'entrée diminue, et nous ne craignons plus
rien de la famine. Au reste, nous ne sommes
pas en temps de guerre, où une disette est
facile. Voyez les nations fraternisant ensemble
et ne se faisant plus la guerre qu'au moyen si
beau de la liberté et de la concurrence des in-
dustries ! ! !

Si vous admettez cependant que notre ville a
besoin de garanties pour son alimentation, que
vous nous donniez les prétextes les plus plausi-
bles, nous consentons de très-bon cœur à ne
pas discontinuer notre manière de travailler et
d'agir : mais en aucune façon vous ne devez
nous tenir arbitrairement dans une position qui
est un véritable contre-sens.

CHAPITRE X.

Il nous reste à parler du prix et de la taxe du pain. Quand on aurait pris toutes les précautions que j'ai indiquées plus haut, resterait à modifier la taxe et le prix du pain. On fait actuellement ce travail d'une manière sinon irrégulière, du moins erronée. On fait entrer dans le conditionnement du prix du pain une trop grande quantité de blés inférieurs, et point ou très-peu de touselle. On ignore, on a toujours voulu ignorer que lorsque le pain a été taxé avantageusement, les boulangers ont suppléé à la taxe par la bonne qualité de pain. Ce serait pour exciter cette émulation qu'il serait à désirer que la taxe fût toujours avantageuse. Indépendamment de l'excellente qualité de pain que l'on ferait, la seconde qualité serait infiniment meilleure et la population ouvrière et pauvre, plus avantagée. Je dirai plus, si la première qualité, le pain blanc, était aussi belle que le pain de luxe, la seconde qualité actuelle pourrait être aussi belle que le pain blanc d'aujourd'hui. Les boulangers ne pouvant employer pour la qualité de pain de luxe les marchandises qu'ils font actuellement passer dans le pain blanc, force leur serait de les faire passer dans le pain de seconde qualité. Ce que le pain de luxe aurait en plus de blancheur, le pain de seconde qualité l'aurait de même, puisque réciproquement les marchandises propres à faire du pain blanc, feraient du pain de seconde qualité. Ces qualités actuelles de pain blanc et de deuxième qualité qui existent sont appelées pain de luxe et pain blanc; mais à proprement parler il n'y a que de deux sortes de pain, blanc et commun ou de seconde qualité; voilà pourquoi j'emploie le nom de pain de luxe à cette belle qualité que je voudrais voir exister. Je ne sais si tout le monde me comprendra ; il faut un peu connaître la manipulation des blés pour se mettre au courant, sinon il paraîtrait y avoir subtilité ou sophisme. Je termine cet essai par quelques réflexions. Je n'ignore pas combien d'obstacles mes idées rencontreront. En fait de théories, dira-t-on, que n'a-t-on pas déjà avancé? mais la pratique reste toujours bien loin. Il est certain qu'en ne faisant que raisonner on n'obtiendra jamais rien, et nous disons aussi : si la montagne ne veut pas venir vers nous, allons vers la montagne. Il faut un commencement à tout, et les plus belles théories ne produiront jamais aucun fruit si elles tombent sur une terre

stérile. Il faut que ceux qui y sont intéressés ne
commencent pas à faire encore ces mille et mille
commentaires qui n'amènent à rien ; ils doivent
se mettre à l'œuvre et commencer par quelque
chose. Si minime que soit ce commencement,
il vaudra toujours mieux que les plus belles
phrases, que les paroles les mieux placées ; le
mot impossible n'est pas français. Dépouillons-
nous de ce caractère léger que nous léguèrent,
sans doute, les Phocéens nos ancêtres. Com-
mençons sagement et laborieusement notre œuvre de régénération ; et telle que la fourmi qui
grain par grain entasse des greniers de blés,
tels vous achèverez l'édifice de vos améliorations. Si le germe de ces bonnes idées qui, direz-
vous, ont été rabachées tant de fois, étant im-
primé et lu attentivement, rend les boulangers
plus attentifs à leurs intérêts ; si, appelés à se
donner un syndic, ils choisissent quelqu'un ca-
pable de bien commencer : l'impulsion donnée et

une fois lancés dans ce champ d'idées bienfai-
trices, son successeur n'aurait qu'à suivre la voie
tracée. Au reste, ceux qui auront lu ces quelques
lignes, y auront vu l'intention louable de provoquer un assez grand nombre d'améliorations dont
la boulangerie est susceptible. Ils y auront vu que.
par l'union seule, les maîtres boulangers pourront tenir tête aux effrayantes charges qu'ils ont
dans la balance de leurs intérêts contraires : je
veux dire les ouvriers, les mauvais crédits, les
boulangers de la banlieue et une foule d'autres
charges. Que l'autorité locale, au lieu de négli-
ger cette importante branche du bien-être de
la cité, devrait y apporter tous ses soins et que
par là elle aurait bien mérité de la masse de ses
administrés ; qu'enfin celui qui a tracé ces quelques lignes, tout en se méfiant de ses forces. a
voulu donner le bon exemple et l'impulsion à
des idées nouvelles. La presse, ce bienfait d'une
civilisation avancée, est ouverte à tous ; heureux

s'il peut par là provoquer des améliorations qu'il appelle de tous ses vœux, sinon d'autres réflexions plus pesées et plus approfondies !!!

www.ingramcontent.com/pod-product-compliance
Ingram Content Group UK Ltd.
Pitfield, Milton Keynes, MK11 3LW, UK
UKHW020339180726
13839UKWH00002B/795